소주 한 잔의 시간

송병섭 시집

신아출판사

시인의 말

첫 시와 수필을 세상에 내 놓았습니다
많이 부끄럽습니다
이는 내 시 수필이 수준에 이르지 못한 사실에 대한
솔직한 고백입니다
많이 부족하지만 시와 수필을 한 권의 책으로 엮어 보았습니다
시를 쓴다는 것은 청소년 시절 감성과 낭만처럼 새겨졌지만
생활의 삶의 무게에 묻혀
시 쓰는 일이 일상에서 사라져 버린 시간이었습니다
그러나 가끔 문득문득 생각나면 열어보는
일상의 마음의 일기장이라 생각했습니다
나이가 육십이 넘어서 삶의 무게에서 조금 해방되니 조금씩
싹터오는 간절함이
느껴지니 몇 줄 몇 문장을 이면지에 끄적거리게 됩니다
세상 모든 것들이 매사 운명처럼 다가오는 것처럼
나에게 다시금 다가온
글쓰기가 마지막 소망처럼 아름답게 결실을 맺고 싶습니다
오늘의 시 수필의 기쁨은 그동안 따스한 가슴으로 안아주고
격려해주며 내조에 최선을 다 해준 사랑스런 아내
참되고 아름답게 성장해준
나의 아들 딸 같이 동행하는 사위 며느리
멀리 세종시에서 이 부족한 형을 항상 응원해 주는 동생 송박사와
호형호재하는 지인과 친지들과도 서로 공유하고 싶습니다.

2025년 如白 송병섭

차례

시인의 말 • 3

1부

실마리 ——— 10

낮술 ——— 11

삶의 무게 ——— 12

깨어진 얼굴 ——— 14

빈집 ——— 15

겨울창 ——— 16

멍 ——— 17

막연한 기다림 ——— 18

참새들 ——— 19

느리게 살기 ——— 20

인생의 마침표 ——— 21

소나무 ——— 22

꽃 ——— 24

봄볕에서 ——— 25

옷 정리 ——— 26

밥값 ——— 27

꼬맹이들 ——— 28

백수 ——— 29

선술집 ——— 30

만취 ——— 31

그리움 ——— 32

리필 시간 ——— 33

침묵의 기도 ——— 34

술꽃 ——— 36

2부

자유 감사 빈손 _____ 38

인생의 진리 _____ 39

오랜 시간 _____ 40

세월의 끈 _____ 41

낡은 서재 _____ 42

카톡 _____ 44

외로움 _____ 45

개구리 합창 _____ 46

찌그러진 주전자 _____ 47

홍시 _____ 48

노을 _____ 49

추억이 그리운 날 _____ 50

하얀 사랑 _____ 52

석양을 훔쳐보다 _____ 53

허무한 생 _____ 54

인생의 쉼표 _____ 55

황토현 갑오동학혁명 기념탑 앞에서 _____ 56

일상으로 돌아가기 _____ 58

새벽 풍경 _____ 60

건강한 인생 _____ 62

열차 정감 _____ 64

희비 _____ 66

대나무 _____ 68

3부

아내의 서랍 _____ 70
각시 예찬 _____ 71
점수 _____ 72
밥 타령 _____ 73
빨래 _____ 74
바보 _____ 75
눈물 _____ 76
어머니의 정 _____ 78
배웅하는 어머니 _____ 79
어머니 천국 가는 날 _____ 80
등신불 _____ 81
매다리 산방 _____ 83
나에게 _____ 84
행복의 문 _____ 86
초록 세상 _____ 87
함박눈 _____ 88
잡초 _____ 89
미소 _____ 90
사람 꽃 _____ 91
여명 _____ 92
지금의 시간 _____ 93
핑계 _____ 94
추억 _____ 95
불난 집 _____ 96

4부

인생무상 _____ 98
정 _____ 99
밥상머리 교육 _____ 100
인생 꽃 _____ 101
비움과 채움 _____ 102
홀로서며 _____ 103
차이 _____ 104
골방 _____ 105
내리막 _____ 106
인적 없는 카페에서 _____ 107
브레이크가 없는 세월 _____ 108
구실 _____ 109
품앗이 _____ 110
하산주 _____ 111
사람의 거리 _____ 112
숨죽인 세월 _____ 113
해질녘 _____ 114
빛바랜 앨범 _____ 115
아산병원 풍경 _____ 116
체면과 염치 _____ 117
이른 새벽 운동 _____ 118
사람의 향기 _____ 119
하루 그리고 내일 _____ 120
지하철 경로 우대석 _____ 121
눈물 _____ 122
행복이란 _____ 124

5부

가을의 시작에서 _____ 126
영화 서울의 봄 _____ 130
커피 세상 _____ 134
어머니와 명태 _____ 137
어머니와 휴지 _____ 141
망종亡種 _____ 145
부모 시간 _____ 148
그리움은 먼 길을 돌아 _____ 150
하모니 _____ 153

1부

실마리

쌀 포대 비료 포대를 뜯을 때마다
실밥을 제대로 풀어본 적이 없다
굳게 다문 꼬투리
감춰둔 실마리를 찾는다면
단번에 매듭을 풀 수 있을 텐데

닫힌 사람과 마음의 물꼬를 튼다는 일이 쉽지 않듯이
나는 매듭 푸는 방법이 서툴기만 했다
그래서 가위로 쉽게 잘라버린 인연들이 많다

황혼의 인생길이 적막하기만한 오늘
힘없이 쌀 포대를 뜯다
와르르 쏟아지는 부끄러운 언어 속에서
문뜩 끊어버린 인연을 생각하고

남은 생의 일기를 길게 길게 써본다

낮술

비가 오는 흐린 날에 기대어
낮술을 마신다

빈 마음 가득 채울
술잔을 기울인다

아파트 발코니 밖 정원이
내 마음처럼 비에 젖고

복숭아 자두 떨어지는 소리가
쓸쓸하게 들린다

슬픈 날의 기억으로
추억의 시간은 빨갛게 고립되고
젊은 날의 아픈 사랑과
인생의 고락苦樂은 자꾸 술잔에 진다

아! 낮술은
슬픈 성숙을 불타게 하는 갈증인가 보다.

삶의 무게

공원 후미진 곳에 버려진 구두 한 켤레
그늘 속에 놓여있는 모습이
어디서 본 듯 낯설지 않다

무겁고 버거운 생의 무게 견디다
실밥 터진 옆구리
균형감이 맞지 않았을
삶의 생이 엿보이는 더 닳은 한쪽 굽

젊은 시절 알 수 없는 방황과 분노 슬픔
돌부리처럼 걸리적거리는 것들
깡통 차듯 차버리곤 하였지만
늘 발등 찍혀 마음 쓰려했다

때로는 험준한 생의 터전을 향해
뜨거운 희망의 구두끈을 꽉 조여 묶고
비바람 장맛비 속에도 젖어보고
세찬 눈보라 속을 헤집으며 인생의 길을 걸었던
낡은 구두의 모습이

오늘은 틀니 빠진 노인처럼 입 벌리고 있다

새 구두보다 생각이 많은
버려진 낡은 구두 한 켤레가
누추한 모습으로 혹은 순명한 눈빛으로

무겁게 나를 억누른다.

깨어진 얼굴

오래전에 이사 간
기와집 구석진 장독대 옆
실금이 간 민경 하나

처음에는 맑고 깨끗한 순수한 마음이어서
아침저녁 틈틈이 그 거울 앞에서
모습을 비쳐 보았을 것이다

금가 쓸모없어서 방치된 거울
새 유리 갈아 끼우면 마음 창 같았을 것을
슬그머니 버린 양심에
모든 기억이 깨어져 있다

그 깨진 거울에 서면 누구나
난도질당한 것처럼 섬뜩하다

그러면서도 피눈물 한 방울 흘리지 않는
깨어진 거울에 신발 자국이
희미하게 찍혀있다

빈집

산모퉁이 외돌아 진 곳
토담집 한 채 힘겹게 버티고 있다

허름하고 고독한 집
자물쇠가 단단히 채워져 있어
누군가에 아주 버려진 것 같지는 않고

빈집에는 잡초들만 무성하다
한때는 다복한 가족이 행복을 꿈꾸며 모여 살며
웃고 울고 떠들고 했을 안식처
자물쇠 굳게 다물고 있는 빈집
사연을 상상해 본다

겨울창

창 넘어 밖은
깊은 겨울이다
유리창에 반사되는
나의 내면의 삶을 본다

창에 투영된 내가
어둠 한 중심에 서 있다

어둠 속에 의지하고 서있는
나는 누구인가

멍

목포 종점에서
나의 생각이 묘연하다

정읍에서 아니면 그 어디에서
떠나왔는지 모르겠다

중간중간 어느 간이역에서
잠시 내가 멈추었는지
그 또한 모르겠다

살구꽃이 흐드러지게 핀
비가 오는 종점에 내가 멍하게 서 있다

애당초 아무 생각 없는 나의 출타는
내 휴대폰 속에 갇혀있다

누가 부르긴 했으나 들리지 않았다
사용하지 않은 공중전화기 부스로 떨어지는
소낙비가 내 삶을 긋고 있다

막연한 기다림

가슴이 미어져도
막 떠나는 기차를 잡기엔
늦어 버렸기에
차라리 손을 흔든다

기차 대합실
나는 한 발짝도
움직일 수 없었다

또 다른 기차를 기다리는 건지
나도 내 마음 알 수 없다
어차피 가는 길을 갔을 텐데

왜
나는 뭐에 씌어
다음 열차를 타지 못하는 걸까,

참새들

담장 너머 전선줄에 앉아있는
열댓 마리 참새들

빗줄기 속에서 천둥번개가 요란하고
사람들은 방안에서 저마다 가슴을 쓸어내리는데

가슴이 환한 참새들은
속 깃털이 다 젖어도
따듯한 눈망울로 굽어보신다

느리게 살기

농협에서 번호표를 들고 앉아 있는데
한 손에 붕대를 감은 할머니가
문을 밀고 있다

얼른 뛰어가서 문을 당기니
놀란 듯 두 눈이 반짝거렸다

그때 내 번호가 호명되었고
나는 순간 망설였지만
할머니 손에 번호표를 얼른 쥐어 드렸다

문틈으로는 눈송이들이
기웃하며 따뜻하게 웃고 있다

인생의 마침표

기차가 안착하는 종점은 언제나 적막하다
그 많은 인파로 북적이던 철로 주변엔
벌레소리 처량하고 가로등만 외롭다

돌아보는 일은 하지 말아야지
그때 당신은 떠나고 없거나
내가 당신을 남겨두고 먼저 떠났을지도 모른다

조금 전에 울린 기적 소리는
아주 오래전에 우리가 마지막으로
나눴던 희미한 인사였을 것이다

소나무

함박눈
수북하게 내린 날도
서릿발 사나운 폭풍우 불어오는 날도

주위 나무 마지막 잎 털며 서글퍼하던 날도
가을 햇살 받으며
열정적인 사랑 나누던 날도

옹기종기 모여 각양각색 꽃 피우던 날도
너는 거기에 있었다
내장산 서래봉 바위틈

온갖 시련
헛된 욕망과 유혹의 덫 앞에
얻는 것과 내려놓을 것을 아는
너의 절개와 위상을
고독과 그리움을 품어 안은 채로

수십 년을

한결같이 살게 하였구나
오늘도
삶에 큰바람 이는 날
너를 떠올려 본다

꽃

산과 강과 들녘이 창문을 연다
산등성이 힘줄이 파르르 떨며
안개는 수풀을 감싼다

채근하지 않아도
은밀한 시간은 익어간다

우리는 선물을 기대하는 아이처럼
어머니의 둥글고 신성한 배를 경배하는 중이다

봄볕에서

삼월이 시작되면
겨울은 서둘러 떠나갈 채비를 한다

집 앞 텃밭 양지에 두릅 어린 새순이 보이고
풀들도 언 땅을 밀치고 올라와 두리번거린다
자연의 순리에 절로 경건해지는 시간

방장산 기슭에서 아지랑이 흐릿한 신작로를 바라본다
먼발치에서 달려올 것만 같은 덕칠이

발정난 진돗개가 집 나간지가 어언 두해가 지났다
어디서든 밥이나 잘 먹고 지내는지

옷 정리

주인 관심 받지 못해
한 해 두 해 넘긴 세월처럼
버려야 했지만

미처 내려놓지 못한 것들
옷장에 수북하게 걸려 있는 남방처럼
누군가의 짐이 된 적은 없었는지

새벽 기다리는 태양처럼
어디쯤에서 망설이지 않았는지
오래된 과거를 정리한다

밥값

자식이 다니는 중학교 운영회 모임이 끝나고
급식소에서 아이들이랑
점심을 함께 먹었습니다

나오다가 아이들이 아무렇게나 벗어둔 신발을
줄을 맞추었습니다

왠지 밥값을 해야겠다 싶어서

꼬맹이들

일층 계단 밑
버려진 침대 매트 위로 꼬맹이들이
뛰어내리기를 한다

강아지도 내던진다
강아지는 떨어질 때마다 외마디 비명을 지른다
한 꼬마가
강아지를 던진 후 자신도 재빠르게 뛰어내린다

강아지와 뛰어내리기 시합을 하는 모양이다
시간이 흐르고
아이들은 더욱 대담해지고 모험심이 발동한다

한 아이가 매트 한 장을 빼고 높이를 높인다
떨어지면서 공중제비 회전하며 뛰어내리는 아이
새처럼 날갯짓을 하는 아이

다이빙 선수처럼 뛰어내리는 아이
강아지를 품에 안고 뛰어내리는 아이
이제 강아지는 더 이상 비명을 지르지 않는다

백수

세수는 하루의 시작이다
세수를 일찍 할수록 하루의 시작은 빨라진다

한 친구가
오늘 술 한 잔 하자 한다
약속 시간은 저녁 일곱시다

그는 일곱시에 약속이 생겨 세수를 한다
그의 오늘 하루의 시작은 일곱시부터다
어떤 하루는 모처럼 내 일정에
며칠 후엔 후배 점심 일정에
살아가면서 제일 슬픈 일은 계속 돈을 벌어야 한다는 것이다

오늘도 벗과 술과 이야기하다
달빛 아래 돌아오는 길이 처량하다

선술집

오다가다 만난 사람끼리
삭힌 가슴 녹인다

소주 한 잔에
넘치는 정에 취해
세상 애환 서로 씻어준다

밤이 어슷한데
토해내는 푸념을
기우는 달이 엿듣고 있다

만취

한 잔 목에 털고
두 잔 세 잔 마셔

이 한 모금이 모여서 한 병이 되네
한 병이 모여서 세 병이 되고

속 깊은 사람과 함께라면
다섯 병이 되는구만

오늘도 어김없이 정을 나누며
힘겨운 하루가
후딱 가버리네요

그리움

죽어라 부어라 마셔 댔습니다
맨정신으론
쓰라린 가슴 어찌해야 할지 몰라

따르는 손이 더 빠르게 목에 털어 넣습니다
외로움보단 차라리 차디찬 쓴 소주가
내 몸을 적셔주길 바랬습니다

바보 같은 짓이었지요
알콜과 외로움은 더럽게도 친한 사이란 걸
미쳐 몰랐던 것이지요

오늘도
취해버린 그리움은 어찌할까요

리필 시간

습관적으로 마시는 소주
또 하루의 포인트처럼 차곡차곡
쌓아졌을 법한 시간의 눈금들이

목 안에서 스멀스멀 녹는다
무슨 일이 있었고
어떤 세월을 살았는지 기억이
가물가물 날듯한데 누군가의 처절한 아픔의 세월은

어제 채운 소주잔에 자동으로 비워진다
일 년 열두 달
늘 하염없이 퍼마셔도

이놈의 시간은 리필되고
또 속절없이 흘러간다

침묵의 기도

무엇을 해야 할지 몰라
어느 곳으로 가야 할지 몰라
절퍼덕 주저앉고
목 놓아 울었습니다

그때 그분 음성
일어서라 하십니다
천천히 일어서니
양손을 들라 하시고

손을 높이 들었더니
무릎 꿇으라 하시네요
무릎 꿇었더니
이젠 엎드리라 하시고
넙죽 엎드려 눈물 나
이젠 간절하게 참회하며 구하려 했더니
침묵하라 하십니다

서글픔과 두려움은

뜨거운 눈물이 되어 흐르는데
어디서 들려오는 소리

내가 너와 함께 하리라
침묵 하나면 족하리라

그분의
마음의 고백을 받으셨습니다.

술꽃

사람이 봄날이다
선운사 꽃무릇 군락지처럼
얼굴에 꽃을 피우는 봄날이 오면
사람들은 착해지는데

바보처럼 뭐 그리 기분 좋은지
웃음이 떠나지 않는다

청명한 날에 더 피지만
진눈깨비 쏟아지는 날에도
비가 주적주적 내리는 날이면
더욱 화사하게 피는 얼굴 꽃

우리는 그 사람의 얼굴에
장미보다 더 붉게 피어
이것을 술꽃이라 부른다

2부

자유 감사 빈손

받은 사랑이
너무나 깊어
사랑하는 법을 망각했습니다

가진 것이
너무 많아
감사하는 법을 잊어버렸습니다

주어진 시간의 날들이
영원할 것 같아
소망을 접어두고 살았습니다

가시나무새
아픔의 날갯짓 할수록
자유를 꿈꾸며 날아 봅니다

나는
빈손으로 가는
이면의 진리를 배워가는 중입니다

인생의 진리

봄 언저리에 솟은 새싹은
삶에 대한 시작이요

여름날의 푸르름은
청춘에 대한 순리로다

가을날의 앙상함은
중년의 쓰라린 추억이며

겨울 흰 눈에 묻힘은
노년의 죽음의 문턱이다

멈추지 않는 시간
청춘을 불태워
열심히 참되게 살아보자

오랜 시간

만남보다
더 오랜 시간 함께 하는 것은
헤어짐입니다

사랑보다
더 오랜 시간 기억되는 것은
그리움입니다

육신보다
더 오래 고통스러운 것은
마음의 영혼입니다

좋은 사람과 오랜 시간 함께 할 수 없기에
추억의 소중한 것들이 참 많습니다

좋은 인연과 오랜 시간 함께 할수 없는 아쉬움이
내 곁을 떠나가고 있습니다

세월의 끈

늦은 아침 실눈을 뜨니
머리카락들이 방구석 모서리에 숨어 노려본다

슬픔의 끈일까
인내의 끈일까
고난의 끈일까
사랑의 끈일까
세월의 끈일까

추억의 저편
모진 풍파 맞으며
나이 들고 초라한
낯익은 모습

낡은 서재

시 한 편은
한 사람의 사상이 담겨 있어야 한다

시 한 편은
한 편의 영화다

한 편의 시가 눈물을 만들고
한 편의 시가 웃음을 만들고
한 편의 시가 자유를 만들고
한 편의 시가 행복을 만들고
한 편의 시가 역사를 만들고
한 편의 시가 평화를 만든다
한 편의 시가 친구를 만들고
한 편의 시가 연인을 만들고
한 편의 시가 가정을 만든다

이렇듯
시인은 죽어도 죽지 않는 것
그 시가 살아서

고궁의 숲속에 길가의 벽화에

사람들 가슴에

낡은 서재에

이 세상 곳곳에 스며들어 살아가고 있으리라

카톡

비가
주룩주룩 온다
사람이 그립다
좀처럼 소통하지 않던 동창
한번 보자고 진심인 듯 약속 잡던 지인

잘들 지내시는지
아프지는 않은지 몇 년 못 본 친구
문득 서늘한 공기가 데워지며
보고픈
기운이 몰려오는 날이 있다

알림을 띄운다
다들 잘 지내시지

외로움

홀로선 꽃들은
혼자 꽃 피기 외로워
하나둘 군락을 만들어
향을 발하는 꽃이 되었습니다

혼자선 나무는
홀로 서 있기가 불안해
하나둘 산으로 이주하더니 숲이 되었습니다

홀로된 사람은 외로워
하나둘 마을로 모여
옹기종기 마음의 꽃을 피웠습니다

이 세상
살아있는 모든 것은
외로워야 함께 살아감의 소중함을 알고
사랑의 고귀한 의미를 다시금 새겨 넣습니다

개구리 합창

늦은 봄
모심은 다랑논
개구리 합창이 청아하다

물안개 짙어 오는 다랑논에
수초가 개구리처럼
무성하게 둥둥 떠 있다

개구리들이 벼를 살찌우려
힘을 쏟는 비바람 부는 초저녁
개구리 합창 소리에
벼들이 파르르 힘줄이 떨린다

찌그러진 주전자

마음이 심란한 날
찌그러지고 까만 스테인리스 주전자에
물을 가득 채우고 가스렌지에 불을 켠다

속은 타들어가 숯검정 되고 가슴이 쓰린 순간
고래 긴 숨소리 내뿜는 소리
사랑도 미움도 날아가 버린 뒤

용서처럼 남은 주전자의 뜨거운 물
나는 뜨거운 커피를 타서 마음의 상처를 씻는다

홍시

담장 밖 비좁은 골목길에
홍시 하나 퍼질러 떨어져 있다

이 세상 살아가면서
속상한 일 있을 때
홍시처럼 그 누구에게
네 마음 슬그머니 보여주고 싶은데

담장 안 주인장 모르게
무슨 속상한 일 많이 있어
담장 밖 탈출하여
타는 붉은 마음 하소연하는가

노을

누군가 무거운 삶을 내려 놓는가 보다
하늘에는 노란 꽃이 가득하다

최선을 다하다 살다가
마지막 불태우는 삶

하얀 날개의 천사가
당신의 삶을 손 잡고
올라가는 영혼

유난히 찬란한 마지막 노을빛이다

추억이 그리운 날

추억이 그리운 날이 있다
스쳐 지나간 많은 인연들
그냥 지그시 눈을 감고
멍 때리게 되는 날

마음속 다락방에
넣어 두었던
아롱대는 사연들을
밤새도록 풀어 놓으면
가슴이 시원해질 수 있는 사람

가끔은
골목길에 갓 피어오르는
작은 잡초 민들레 질경이 하나에도
맘이 통하여 소박한 즐거움을 함께
할 수 있는 사람

어느 날
급작스런 죽음의 부음을 접할 때

같이 슬퍼하며
서로를 위로할 수 있는 사람

그런 인연의 사람이
내 곁에 있었으면
나도 그런 사람이면

하얀 사랑

오후 내
스산한 바람이 일고 하늘은 흐렸다
눈이 오려나 기다렸지만 바람만 일뿐 모든게 적막하다

컴퓨터
책상머리에 앉아
잠시 창문으로 고개를 돌렸다
어느새 아파트
베란다 창가에 풍경이 하얗게 변해가고 있다

봉고차 한 대가
주차할 곳을 찾아 배회한 자리에
선명한 바퀴 자국이 새겨진다

오늘도
마음 깊은 곳 상처로
신음하는 이들에게
하얀 사랑이
소복하게 감싸길 기도해봅니다

석양을 훔쳐보다

산 너머 지는 꽃노을
때 묻은 손가락 사이로 한잔 기울고
한숨은 비둘기 날개인 양 가벼워라

저기 배롱나무 꽃그늘 아래
어린 연인들이여
밤은 그대들의 성전

아무 모르리라
잘게 부서지는 노을이
새벽에 끝내 서로의 별이 되는 줄을

허무한 생

그늘막 목련나무 밑동에 줄이 매인 진돗개
매일 매일 거르지 않고 밥그릇 주인의 손길에 눈길을 주더니

배부른 오늘은 녀석이 눈치 없이
눈알 굴리며 주인장의 삶을 염탐한다

시원한 바람이 주둥이 주위 몇 가닥의 수염 쓰다듬는데
녀석은 목줄 잡는 목련의 수난을 모른다

이 산 저 산 아지랑이처럼 잠시 찾아왔다가 소리 없이 떠나는 봄날
진돗개가 눈을 굴려 주인장의 눈치를 살피는 것은
사람이나 짐승이나 매한가지 우리의 생이 슬프다

인생의 쉼표

눈이 이상해서 안과를 방문했습니다
스트레스와 일이 많았냐고 묻는다

의사는 눈 핏줄이 터졌다고 했다
왜 더러운 손으로 눈을 자주 비비냐고
요즘 많이 참는 건 혀입니다 했더니
감정을 조절하며 참느라 많이 피곤했나 봅니다

산이나 어디 좀 걸으면서라도 자기를 달래라고
세상의 틀을 떠나 편안하게 생각하라 한다

정신과 의사가 아닌 안과 의사에게서
인생의 쉼표가 있어야 한다는 소리를 들었다

사는 것이 참 묘하다

황토현 갑오동학혁명 기념탑 앞에서

 황토재를 넘어서 누런 황톳길을 따라 동산에 오르면 드넓은 배들평야가
 펼쳐지고 5.16 군사정변 세력이 스스로를 미화하기 위하여 세운 탑이
 우뚝 서 있다

 아전 군수는 승냥이처럼 수탈과 학정의 만행을 이어갔으니 이글거리는
 농민들의 함성이 하늘을 찌르고 그 분노는 눈물처럼 번져갔다
 전봉준 손화중 김개남 최경선을 중심으로 사발통문을 전달하고 말목장터에
 몰려든 군중 속에서 비장한 혁명의 역사가 쓰인다

 1894년 고부 농민 봉기를 시작으로 이곳 황토재 구릉에서 힘을 합친
 농민군은 관군과 보부상 연합군을 크게 물리쳤다
 백성의 힘으로 하늘이 평등한 세상이 열리고 후천 개벽하려는 여명의

세상이 마악 열리려는 순간 일본의 신무기와 총부리에 농민들이
낙화처럼 쓰러져 갔다

오늘 산등성에서 불어오는 바람이 그날의 함성인 듯 뜨겁다
동학 2019년 5월에야 비로소 대명천지 밝은 햇볕 아래서 진정한
명예 회복하고 소원하던 국가기념일로 지정되었다
소쩍새 우는 산마루에서 바라보는 들녘은 항금빛 벼 노을로 가득하다

나의 희어가는 머리 눈썹도 이제야 저 빛깔에 물들었겠다

일상으로 돌아가기

신은
흙으로 생명체를 만들어 우주에 하나씩 내던졌다
신은 던져 놓은 생명를 향하여 또 다른 생명체를
만들어 경쟁하게 만든다

대다수 아름다운 생명체를 만들지만 인간이란 탐욕스런 경단을
잘 못 만들어 우주의 질서가 무너졌다
신은 한 생명 경단마다 혼을 불어넣었다

그것들 중 어느 것은 코로나와 같은 바이러스 전염병이 되었다
그런 기생충과 전염병이 인간이란 경단의 둘레에 살며 날로날로
번창하며 생명을 유지해 나간다

그들 중 전염성이 강하고 무서운 코로나19이다
이 무리들은 변종 변종을 무기 삼아 인간이란 경단을 숙주로 삼아

세상을 공포로 몰아넣어 지배해 나가려고 준비중이다

　그들은 인간의 경단에 구멍을 내고 염증을 만들었다
　그들은 갈수록 교묘해졌고 어떤 전염병은 자신이 최상
층이라 하며 확산하였다
　들은 날이 갈수록 사람과 동물을 숙주 삼아 더욱 번성해
가고 있다

　백신이다 거기까지다
　그들은 결국 인간의 일부가 되었다

새벽 풍경

어둠이 채 가시지 않은 아침
공원 한편에 비대한 중년 여인들이 두세 명씩 작을 지어 훌라후프를 돌리고 있다
한쪽에선 노쇠한 노인이 철봉을 잡고 씨름을 하고 군데군데
철 지난 옷을 입은 알코올에 쩌든 사내들이 벤치를 하나 둘 차지하고
고개를 떨구고 있다

또 다른 벤치에는 멀쑥한 사내가 삐딱하게 앉아 사색에 잠겨있다
바지런한 비둘기들은 무리를 지어서 모이를 찾아 바닥을 쪼아대고
득달같이 개 한 마리가 달려들어 흩어지고 날아간다

아침이 밝아오니
사람들은 차츰 사라져가고 사색에 잠겨있던 중년 사내도 보이지 않는다
공원을 지키고 있는 건 이제 비둘기와 벤치에 졸고 있는

알코올 중독자뿐이다

  그들에게 아침은 아직도 밝아오지 않았다
  다시 해는 떠오르고 세상은 바쁘게 움직이고 있다 한들
  스스로 깨어나지 않는 자들의 아침은 무슨 의미가 있으랴

건강한 인생

오늘 아침 나는 참새들처럼 분주하다
농협에 신청한 새누리 모판을 받는 날이기 때문이다
서둘러 간단하게 아침을 먹고 집사람이 미처 하지 못한
설거지와 집안일을 대충 정리하고
농장이 있는 소성 집으로 향했다

시골집 가는 갈림길
매실 농원 한쪽에 놓인 콘테이너에 쓰여진 문구가 선명하게 눈에 들어왔다
행복은 내 마음속에 있다

작년에 귀촌하신 농장주가 녹슨 콘테이너를 페인트로 새로 단장하면서 써넣은 문구다
기념할 일이 많은 오월을 맞이하며 생각해 본다
행복과 건강 기쁨은 외적인 건강만이 아니라 내적인 수양의 결과다

내가 욕심을 내려놓고 편안하게 생각을 하면 나 자신을 다스리는 자가 되는 것이다

길은 잃어도 사람을 잃지 말라는 성현의 말처럼 좋은 긍정적인 사고와
생각이 길이요 희망이다

인생에 많은 경우의 수가 있는 것 같으나 별수 없다 참고 인내하며
겸손하게 사는 것이 최상의 삶이 아니겠는가

열차 정감

어느 날
한양 가는 무궁화 열차에 올랐습니다
시골
작은 간이역에서도 차표를 사려고 장사진을 서던
옛날의 추억은 가버리고

지금은
미리 예매한 차표로 저마다 각자 소리 없이 자리를 찾아 앉고

엄마가
아들딸에게 주려고
시루떡 가래떡
고추
마늘
양파
푸성귀
참기름 들기름
이고 지고

돈만 아는 요즘 세상
보잘것없는 애정의 선물
서로 마주 보며
정겹게 정감 어린 소주잔을 기울이며
밤을 새우던 옛 풍경 간데없는 서울 상경 열차

희비

어느 화창한 봄
유치원을 졸업하고
초등학교에 막 입학한 아들이 하굣길에
천원을 주고 병아리 두 마리를 사 왔다

아들은 사과 박스로 방을 마련해 주고 각자의 이름도
지어주었다 꺼벙이와 삐약이다

꺼벙이와 삐약이는 처음 우리 집에 왔을 때부터
눈을 감다 말다 하면서 졸린 듯 보였다
내가 보기엔 약간 병이 들어 보였는데 모이도 안 먹던
꺼벙이는 시들시들 앓다가 새로운 환경을 견디지 못하고
하늘나라로 갔다

엄마는 얼른 쓰레기봉투에 버리라고 쓰레기 봉투를 건 낸다
 잠시 꺼벙이를 바라보던 아들은 닭똥같은 눈물을 흘리며 아파트
 뒷동산에 올라가 꺼벙이를 묻어주었다

그날 아들은 너무너무 슬퍼서 점심밥을 먹을 수가 없었
나 보다
 삐약이는 날이 갈수록 모이도 잘 먹고 무럭무럭 자랐다
 노란 털도 진하게 변해가고 벼슬도 나왔다

 이젠 삐약이에겐 작은 사과박스는 비좁았다
 아빠는 사과 박스와 배 박스를 연결하여
 삐약이를 거실에서 앞 베란다로 삐약이를 이사 보냈다

 그 뒤 아이는 점차 삐약이에게서 멀어져갔다
 그러던 어느 날 아들이 학교에서 돌아와 점심을 먹으려
는데
 식탁 위엔 아들이 잘 먹는 닭볶음탕이 놓여있었다

 아들은 그날 평소와 다르게 밥 두 공기를 먹었다

대나무

잔잔하던 대숲에 바람이 일어나고 있다

그리고 울고 있다
스산한 바람 댓잎 떨어지는 소리에 짝을 찾던 장기 울음이 애처롭다
풀과 어우러진 숲은 한없이 평화로워 보인다

1894년 갑오년 정초만 해도
누구의 대나무는 죽공예품 되고 소리꾼의 대금으로
어떤 힘없는 백성의 대는 죽창이 되고 무기가 되었다

무기가 된 대나무는 청량함과 푸르름은 붉은 피로 얼룩지고
피 맺힘만 남아있다

나라가 어지럽고 혼탁할 때 대숲에는 피눈물의 곡성이 들린다
숲에 무섭게 매몰아 치는 소나기 바람은
평등 평등을 외치던 서러운 농민들의 처참한 피눈물의 울음이 아닌가

3부

아내의 서랍

안방마님 친목 모임 나들이 간 날
속옷을 찾으러 뒤적이다 마주한
허름한 낡은 화초장 서랍 속

마님의 오래된 흔적들
남루한 것들이 수두룩하다

마님의 그것을 닮아
겹겹이 포게놓은
풀 죽은 브래지어들
꽃봉오리 같은데

마님이 끌어안고 살았을
새끼들 밥통이었거나

생명의 원천 사랑이었음을

각시 예찬

갓 시집온 후로는
힘든 세상일 잊게 하던
석류 같은 색시였지요

삼사십 시절엔
고맙고 미안한 여인이었고

중년을 넘어가면서
마냥 기대고 싶은 아내입니다

아 벌써
천하제일 팔불출 소리 들리는 듯
귓구멍이 간지럽습니다

점수

계모임에 다녀온 아내가
화장을 지우며 나에게 물었다

난 10점 만점에 어디쯤이냐고
아무 생각 없이 7점 정도라고 답했다

그로부터 아내의 표정이 새코롬해졌다.
말할 때마다 7점이라고
최소 8.9점은 예상했단다

나는 참 센스가 없다
아내가 원하는 답 하나 못하고
나란 사람은 7점짜리 아내가
내 곁에 있어서 무지무지 행복하다

나이가 들수록 편하고 안정되고 좋으니
어쩌란 말인가
건강하며 아프지 말고 나보다 좀 오래 살아줘

밥 타령

고두밥을 좋아하는 남자와
진밥을 좋아하는 여자와 한집에 산다

어느 날 여자의 귀가가 늦은 밤을 틈타
남자는 노란 냄비를 찾아내 밥을 지었다

학창 시절 자취생의 실력은 희미한 옛사랑 같은 것
열정의 온도는 밥을 태우기 직전이었으나 남자는
노릇한 고두밥을 먹으며 혼자 웃었다

그제야 퇴근한 여자가 주책이라고 타박을 하더라만
배가 많이 고팠는지 남은 고두밥을 숭늉으로 끓여서 먹으려고
준비하며 냄비 바닥을
딱딱 소리가 날 때까지 긁어댄다

빨래

남자가 빨래를 턴다
털고 또 턴다

저녁에 빨래를 널면서도
아침이 오면 볕 잘 드는 쪽으로는
남자의 두꺼운 옷을

저녁까지 볕 오래 드는 쪽에는
꽃망울 향기 품은 아내의 옷을 넌다
내일 아침 햇살을 생각하며 좀
후미진 곳에는 양말을 넌다

이제 나이 들어 양지쪽에서 물러나
눈칫밥을 먹어야 하는 남자는
오늘도 맑은 햇살을 그리며
행복한 빨래를 넌다

바보

먹고 싶은게 뭐냐고 그녀가 묻는다
생일에는 소고기 미역국이지

함께 먹는 것이 어떤 음식이든 좋다는 걸 그녀는 모르는 것 같다
받고 싶은게 뭐냐고 묻는다 없다고 답했다
이 세상에서 내가 받고 싶은 건 당신의 따스한 마음이란거

그녀는 모르는 것 같다
지금 하고 싶은게 뭐냐고 묻는다
지금처럼 매일 매일 인생을 산책하듯이 사는 것이라고

함께하면 뭐든지 좋다는 걸 그러고 보니 당신은 참 바보 같네
매사 그렇게 관심을 가져주는 당신이 좋네 그려

눈물

바라보기조차 애처로워 질금 눈을 감았다
다섯 명이 있는 병상으로
막 직장암 수술을 마치고
침대칸에 실려 온 노쇠한 아버지
마취가 풀릴 때
곁에 내내 혼자 지킨 큰아들에게 미안해
아프다는 말 한마디 없는 아버지
난 그런 아버지를 서럽게 바라보았다

나는 보았다
피눈물 흐르는 당신의 슬픈 눈물방울을 당신의
가슴에 맺힌 한을 세월을 소리로도 내뱉지 못하고

침묵으로만
소리 없는 눈물로만
뱉을 수 밖에 없는 당신의 아픔을
내 눈빛과 당신의 눈이 마주쳤을 때
나는 눈을 감고 침묵했다

애처로운 아버지를 위해 내가 해줄 수 있는
단 한마디를 할 수 없는 나를 보면서

어머니의 정

늙으신 어머니를 업고
아산병원을 밀칠 때
한겨울인데도 내 등은 뜨뜻했다

내가 아이일 때 느티나무에 붙은 매미처럼
어머니 등에 붙어 있을 때도
오늘처럼 참 뜨뜻했을 것인데

어린아이처럼
새 깃털처럼 가벼워진
어머니 몸무게가 슬프다

배웅하는 어머니

치매 어머니가 그리워
습관처럼
정다운 요양병원으로
어머니를
뵙고 올 때마다
마음이 천근 같고 돌아오는 길이 무겁습니다

환갑을 넘긴 아들이 되돌아갈 때마다
오래오래 창문 넘어 목 놓아 배웅하는 어머니
그런 어머니가 이젠 이 세상에 없습니다

따스한 햇살에
창백한 내 모습 왜 이리 아릴까

어머니 천국 가는 날

점점 싸늘하게 식어져 가는
어머님을 매만지며 어둡고 슬픈 이별 앞에 엎드려 울었다

쓸쓸하고 외로운 방
홀로 지키시며 하루에도 몇 번이고 보고픔에
부르고 싶었을 이름들

손수 가꾼 매다리 시골집의 텃밭을 그리워하며
한없이 울었을 어머님
그런 어머님 생각에 내 가슴속 그리움으로 서걱거린다

지나온 한 많은 생의 여정 속에 남아있는 자손들과 못다한
그리움을 쉽게 떨쳐버릴 수 없는 세상의 미련을 안고

우리 어머니는 그 험하고 힘든 먼 길을 어떻게 가셨을까

어머님 기일
2018년 양력 8월 23일 오전 11시 40분 맑음
정다운 요양병원 집중치료실

삼오제날 마치고 나서
어머님의 한 많은 눈물 소나기가 억수로 내림

등신불*

  제 가슴이 피맺힘으로 타들어가는
  등신불이 되신 아버님

  하늘엔 구름 한 점 없고 바람도 숨죽이는 화창한 봄날
  산 밭에 올라
  고춧대 참깨대 들깨대 땅콩대를 정리 불 지르시고

  한식이나 추석 명절 벌초 때도 봉분만은 예초기를 깍지 말라 하시며
  당신이 직접 낫으로 일일이 열한분의 봉분을 깎으신 아버님

  조상의 산소묘가 신앙이자 효도의 근본이라 여기시고 생활하신 아버님
  어느 날 그 신앙의 묘지가 불길에 휩싸이자 조상의 묘 봉분을 지키려고
  갑자기 불어닥친 남풍을 온몸으로 막으면서 불길과 사투를 벌이며
  처절하게 산화하신 아버님

뜨겁고 또 뜨겁고 힘들고 외로운 그 먼 길을 어떻게 가셨습니까

당신은 영영 가셔서 지금 제 곁에 있지 않지만 내겐 신앙과 같은 등신불 같은 분입니다

＊등신불
자신의 몸을 태우는 소신공양〈불교에서〉으로 불길에 타다
굳어진 몸이다 그 몸에다 금물을 입힌다
그렇게 불상이 됩니다

아버님 기일
2014년 양력12월12일 아산병원

매다리 산방

매다리 마을 소나무 편백 나무숲에
강고리댁이 작은 방에 들어왔습니다

강고리 양반이 혼자 큰방 작은 방을 지킨 지
다섯 번의 겨울이 지난 뒤였습니다

세월은 흘러서
부모의 등골을 빼먹고 자란 우리 형제는
무탈하게 성장했지요

강고리 양반과 강고리 댁은
여전히 소나무 숲을 지키고 계십니다
가끔은 손자 손녀들도 다녀가지만

이맘때면
그늘에 앉혀두고 따스한 손길로 토닥거려 줍니다
지금도 나란히 누운 자리에서
편백나무잎 사이로 하늘을 젖혀보고 계십니다

나에게

고단할 때에도 내가 보자면
득달같이 나와주는 친구가 있습니다

내가 기쁘면 친구도 좋아해 주었고
내가 힘들어 슬퍼하면 나만큼이나 울어 주었습니다

그런 친구가 언제부터 웃음을 잃었습니다
가만히 보니 무척이나 아픈 얼굴입니다

친구는 폐암 말기였습니다
그런 친구를 2023년 하늘나라로 떠나보냈습니다
떠난 친구가 많이 그립습니다

문득 거울을 봅니다
친구가 말하는 것 같습니다
떠난 사람은 떠난 사람이다

지금부터 진정 사랑해야 할 것은
너 자신이라고

네가 사랑하고 안아주어야 할 사람은
그 누구도 아닌 바로 나란 것을

행복의 문

잊으려 떠나고
찾으러 나선 여행

정히 어디 마음 둘 필요 없네

가슴 속 쌓인 시간들
민들레 홀씨처럼 날려 보내고
행복의 문을 열려고 찾아보지만

미혹한 마음
속된 연기
떠난들 잊힐거나

여수 밤바다 파도는 일렁이고
내 마음을 정리 못 하고

왜
왔는지도
잊고
돌아서네

초록 세상

수양버들 아기 순 피었다
저 물밑 아래 슬그머니 낯 내미는 모습
초록 순 물감을 들일 것 같다
보리밭 하늘거리는 녹음 물결은
우리 마음을 설레게 한다
푸른 하늘빛 대지의 푸근함은
우리에게 희망을 준다

화려한 봄꽃은 지고 잎은 세상 밖으로 나들이하였다
소쩍새 울음이 잘 들리는 계절이다
산 벌레들 하모니에 동행한다

잿빛 미세먼지가 세상 모든 것을 바꿔버린 것 같다
그래도
세상은 서서히 초록 빛깔로 물들어가고 있다

함박눈

눈이 내린 새벽 아침은 평등하다
이층집 지붕이나 콘테이너 지붕이나
진돌이의 개집까지도
똑같이 하얗게 만들었다

부자도 빈자도 없이
눈이 내린 아침은 평화롭다
거리의 하얀 눈 속에
개와 고양이가 뛰어다닌다
적도 없고 동지도 없이

서운했던 한때의 기억마저도
덜어 버리는
저 놀라운 기적의 아침

잡초

잡초는
인간 발밑 낮은 곳에서 산다
무릎 아래 발치에서
소리없이 꽃씨를 흩뿌린다
높은 곳만 향하고
낮은 삶을 지향하지 않는 인간 세상과는 부딪칠 일이 없다

아래 세계는 그저 잠잠하고 평온하다
생각컨데
잡초에서 얻는 삶은
그 낮은 곳의 겸손한 삶이 아닐까 싶다

미소

돈 들이지 않고
주어도 가난하지 않고
받는 사람을 행복하게 한다

아무리 차가운 사람도
미소가 필요 없는 사람은 없고

아무리 힘들어도
미소조차 짓지 못할 사람은 없다
웃음을 지울 줄 모르는 사람만큼
미소가 필요한 사람은 없다

너의 그윽한 미소가 그리워진다

사람 꽃

모든 사람은
태어날 때 연약한 모습으로
생을 마감할 때는 빈손으로 간다

그 때문에
사람의 꽃이 필 땐 황홀하고

인간의 꽃이 질 땐 뜨거운 눈물이 난다

나도 너에게 그런 꽃으로
남을 수 있을까

여명

검푸르게
타는 촛불
누구와 작별했기에

속으로 눈물지고
마음만 애태우는가
새빨간 촛불 넌

겉으론 눈물 참고
속마음만 쓸어내리나

서서히
여명이 들어온다

지금의 시간

지금 바로
현재로 살자
어제가 없는 오늘은 언제 올지 모르는
미래를 한없이 붙잡고

시간 낭비하며 허비하지 말자
내일이 온다는 기약에
어린 소년이 하늘 보며 희망을 갖는 것처럼

범사에 감사하고 베풀며
섬김의 마음으로 살리라
구두의 뒤축마냥 오늘도
닮아가는 결심인 것을

핑계

핑계는
순간을 모면하기 위한 하나의 구실이다

코로나19로 절박한 삶이지만
사람들은 코로나를 핑계 삼아
불리한 일에서 피해 나간다

자신이 거북하고 하기 싫은 일들을
이 핑계 저 핑계
잘도 모면하는 사람들

추억

곰삭은
시금털털한 마음으로
술잔에 피어난다

술 한 모금에 입술을 적시고
술 한 잔에 가슴을 적시고
술 한 병에 추억을 적신다

그대 주름진 모습에 화색이 돌면

진한 사과향처럼 추억의 사진 속으로 이끈다
술꾼 잡놈이 아니어도
술이 그리워지는 것은 친구나 나나 매한가지

불난 집

밥상에 실한 육종 마늘 몇 개와
고추장 종지가 놓여있고

아내와 딸은 풋사과처럼 맞은편에 앉았다
밥 한술 입안에 퍼 넣고 마늘 한 쪽 고추장에
듬뿍 찍어 씹어보는데

스윽 눈이 감겨온다
살아가면서 감당하기 힘든 상황은 늘 닥치기 마련이다
큰불이 난다면
그것도 화마가 온몸을 휩쓸고 덮치는 순간이라면
입안에서 뱃속까지 활활 불이 타는 순간이라면

참을 수 없는 외마디에
냉장고를 향해 날쌔게 뛰어가는 모녀의 등짝에서
일순 119 숫자가 선명했다가 흐려진다

4부

인생무상

세상의 꽃들은
피어날 때 아기를 닮고
지려 할 땐 노인을 닮는다

그러기에
꽃이 맺힐 때 설레고
꽃이 질 때 슬픈 눈물이 난다

내가 흙으로 돌아가는 날엔
되레 편안함으로 맞이할 수 있다면

정

아파트 둘레길을 노년의
옛정이 걷고 있다

남편은 뒷짐을 지고
아내는 핸드폰 줄을 하고
아장아장 아이처럼 걷고 있다

소곤소곤 키 작은 대화를 나누며 걷다가
나무 옆 벤치에 살포시 앉는다
잎들은 푸르고 이파리들이
그 옆에서 살랑거리고 있다

밥상머리 교육

착하고 훌륭한 사람이
되라고들 하는데
어떻게 사는 것이
착하고 훌륭한 사람인 알려주지 않는다

그저
무조건 착하고 훌륭한 사람이 되라고 한다

인생 꽃

하늘을 향해 산 강 들녘이 봄을 열었다

내장산 저수지 산등성
짙은 운무 밀어내고 안개는
계곡 도랑에 숨어버렸다

청명하게 펴는 햇살 가슴 담으면
어김없이 녹음으로 물들지만
아직 내 가슴은 스산하다

우리 마음 메마르다 해도
천변에 벚꽃 만개하고
마당에는 살구꽃 서로 마주보며
화려함을 뽐낸다

그렇게 봄은 채근하지 않아도
소리없이 다가오고 있다
우리 인생도 이처럼 피어 가겠지

비움과 채움

모두가 있는 것
내가 더 가지면 행복일까

넘치는 옹달샘
한 종기 퍼다가 따끈하게 차 한잔
끓여 마시면 더 바랄 것 없는 인생

새는 떠나기 싫어 울고
입을 살포시 다문 꽃들은 소박하게 웃는데
솔바람에 꽃잎들이 눈처럼
흩어지니 무작정 하세월 탓만 할 일 아닌 것을
더불어 사는 행복한 세상

비우고 비우고 또 비우는
채움보다 더 아름다운 행복이려니

어느 날 배신의 아픔이 문턱을
넘어온대도
나부터 의연하길

홀로서며

가야 한다면 가고
와야 한다면 와야만 할까요

아직 고통스럽고 힘들다면 오랜 시간 방황해야 한다
바람 휘감는 들판처럼
온몸으로 맞으며 흔들리고 흔들리면서도

내 삶을 사랑하는 삶을 살아야지
사랑한다 사랑한다
되새기며 되새기며

차이

찬 바람이 서늘한 계절이 오면

나무는
한잎 두잎 내려 놓는데

우리 인간은
가슴이 아리는 찬 바람이 불어도
내려놓지 못하네

골방

보슬비가 콧잔등을 스치고 있다
실금 벽 틈새로 노란 민들레가 피었다
수줍게 웃고 있는 모습이 곁을 스치는
새침한 소녀에게 말을 거는 듯하다

보드라운 흙
따스한 햇볕 없는 골방에 웅크리고
있던 소년도
노란 희망으로 잉태했다

그러니 너도
언젠가는 활짝 피어날 거라고
쓰담쓰담 마음을 어루만져 주는 듯하다

내리막

오르막에 보이지 않던 것들
내리막에 새뜻하게 보인다
좁은 오솔길 돌무더기 사이로
꽃무릇 한 송이 피어 있는 것을
오르막에 못 보고 내리막에 보인다

시원한 바람이여 솜털 같은 구름이여
허공 가르며 지져대는 새들이여
덧없는 세월 속절없이 흘려보내도
후회 없이 한세상 살았으니 미련은 없다

오르막에 잘 보이지 않던 것들
비로소 내리막에 보이네

인적 없는 카페에서

유리창 넘어 세상은 분주하다
그러나 유리창 안쪽은 정지되어 있다
잘 포장된 도로 위를 자동차들이 무서운 속도로
스쳐 지나간다

사람들도 드문드문 나타났다 사라진다
인적 없는 카페는 텅 비어있고 음악만 살아 숨을 쉰다

숨을 쉰다는 건 살아 있다는 것
이 어려운 시국 앞으로 더 잘 버틸 수 있는 희망이 있는 한
우리는 결코 스러지지 않을 것이다

또 시간이 흐르는 한 고통의 시간은 사라질 것이다
그렇게 나 역시 우리 모두다

브레이크가 없는 세월

청춘 시절에는 몰랐다
세월이 급행열차 같다는 것을

지금 이 시간이 빛이기를 소망했던 이십대
세월은 지렁이처럼 기어갔다

그러나 어느 때부터
가속이 붙기 시작한 나이
삼십대 거북이처럼
사십대 토끼처럼
오십대 꽃사슴처럼 날쌔게 뛰어가더니
육십이 넘으니 치타같다

점점 숨이 차 올라오는 인생
브레이크도 소용없는 세월
젊은 청춘 날에는 웃었다

구실

눈을 뜨니 창이 훤하다
몇시나 되었을까
시계를 보니 6시20분
부랴부랴 침구를 정리하고
주섬주섬 산책 준비를 한다

밖을 내다보니 우중이다 소낙비가 내리니
산책 나가기가 싫어졌다
나를 위해 매일 매일 운동을 하면서도
날씨를 핑계삼아 좀 더 이불과 친해지고 싶어진다

그러면 안 되는데
다시 이불 속으로 들어가 친구하고 말았다

품앗이

받지 못했다고 서운해 하지말고
받았다고 부담 갖지도 말자
어차피 우리 인생 다 품앗이다

저녁이 있으면 새벽이 찾아오고
그러니 늘 긍정의 마음으로 세상사 괴로운 일도 많았지만
살아 숨 쉬는 것만이라도 어딘가

하산주

모처럼 산악회에 갔다
우리 일행은 산행을 마치고 내려와

저녁 겸
막걸리와 홍어회랑 곁들여 하산주를 하였다

술 한잔 얼큰하게 들어가니 너나없이 즐거운 술자리
마주 바라보며 권하는 술
힘든 세상 살기 위해 얻는 힘

사람의 거리

너무 가깝지도
너무 멀지도
그냥 딱
지하철의 노란 대기선처럼

우리 인간 세상사 거리도 딱 그만큼만
너무 뜨겁지 않게 춥지도 않게

그러나 사람의 거리도 예외는 있다

그것은 나 본인은 안다
좋은 인생 잘 데워진 마음으로

숨죽인 세월

서늘한 바람 안고 성황산을 오른다
모진 풍파 슬픈 세월 잘 견디여낸 옹이진 소나무
우리의 삶도 그러하지 않는가

지치고 힘든 일상들 말 못하며 숨죽인 세월
세상사 모든 일들은
행복과 불행이 교차 되는 것
우리 심신과 마음이 지치면
자연 속에서 위로받으며 멈추지 않은 일상으로

해질녘

늙는다는 것이
그렇게 슬픈 일은 아니다

단지 젊은 날 꿈 웃음을 잠시 잊을까봐 두려울 뿐이다
 이미 순수함은 찾아볼 수 없도록 세상에 동화되어 버렸지만

그때는 그때대로 아름다웠고 순수했으며
지금은 지금대로 행복하다
요즘은 해가 쉬 바뀌지 않기를 바라지만
한해가 다시 바뀌어도 변한 것 없고 지금 여기서
더 불행하지 않기를 바랄 뿐이다

빛바랜 앨범

낡은 앨범을 열어 옛날을 본다
부모님의 빛바랜 모습 어릴 적 애들을 추억해 본다

많은 만남과 헤어져간 수많은 낯익은 얼굴들
그리고 스쳐 지나간 인연들
추억의 먼 길 가슴에 안고 간다

아산병원 풍경

인간이 탄생해서 죽음을 맞이할 때까지
피해야 할 곳이 감옥과 병원이다
몹쓸 병을 얻어 종합병원 큰 입원이라면
이 두 곳의 공간에 이의를 제기하는 사람은 없을 것이다

흰 가운을 입은 병원 식구들을 제하고 이 건물
드나드는 사람들 밝은 모습은 볼 수 없네
근심 불안 초조
무거운 발걸음이 생명을 구걸하러 다니는 것 같네

병원에는 곳곳마다 슬픔이다
그래도 희망의 순번이 슬픔의 순번보다 많아서 위안이 된다

체면과 염치

점점 처신하기가 힘들다
사람들이 정도가 지나쳐 간다

인간이라면
사람들의 눈과 귀를 의식해야 한다
바로 이것이 체면이고 염치다

체면은 도덕성이며 자기관리다
체면을 지키기 위해 손해 보는 사람들이 많다
우리는 체면 때문에 하기 싫은 일도 한다

체면과 염치는 보탬이 되기보다는 어려움이 더 많다
그걸 알면서도 우리는 사회의 도덕성이 중요해 감수한다

이른 새벽 운동

어둠에 안개가 자욱하다
창을 열면 오싹하는데 아침을 여는 사람들
이른 시간이지만 매일 나와서 건강한 몸을 만들고 있다

이 사람들은 언제 자고 일찍 하루를 시작하는 것일까
나도 부지런히 대열에 합류하여 걸음을 같이 한다
건강해야 밝게 살아갈 수 있으므로 매일 시간을 준비하고
운동하는 사람들

 춘하추동 눈보라 우천 불구 꾸준한 운동으로 건강을 챙기는 사람들
 오늘도 활기차게 파이팅

사람의 향기

사람들에게는 각자의 향기가 있다
향기는 본인이 어떤 삶을 살았느냐에 결정된다
지금껏 살아온 삶을 돌이켜 보면 자신의 향기를 맡을 수 있다

나는 어떤 향기를 갖고 있을까
네가 갖고 있는 향기가 사람들에게 따스한
마음이 스며들었으면 좋겠다

하루 그리고 내일

매일 반복되는 하루
다만 시간 시간 속에 마음의 차이가 많은 생각을 갖게 한다

걱정을 가지면 걱정이 되고 생각이 깊으면 우울이 된다
미래의 꿈과 행복을 상상하면 행복이

그러니
매일 느끼는 단조로움에서 소망을 깨닫기를

지하철 경로 우대석

오랫만에
아내와 서울행 아내 고향은 서울이다
장모님이 서울에 계신다

장모님이 허리 수술을 하셨다
서울에서 지하철처럼 이동 수단이 편리한 것이 또 어디 있으랴

나는 올 2025년부터 오리지널 노인이다
그래서 지하철 요금이 공짜 아내는 유료

드디어 지하철 탑승
지하철이 만원이다 마침 노인석이 비어있다
난 슬그머니 앉는다 아!
아내는 노인이 아니지

눈물

나는 이순의 나이에도
눈이 소복하게 내리면 내 마음은 설레인다
솜사탕 같은 눈송이를 맞으며 걷는 동안 마음 안에
하얀 들판을 걷는 상상의 세계가 펼쳐진다

한 손을 슬그머니 내밀고 걷다 보면 눈이 손바닥에 따뜻하게 녹는다
녹는 눈을 보면서 눈물을 보았다
눈물은 정이고 사랑이라고 나는 눈물이라는 단어를 좋아한다
인간의 냄새가 나기 때문이다

우리는 슬플 때도 울고 기쁠 때도 운다
나는 슬플 때 우는 눈물을 더 사랑한다
슬픈 눈물은 고독 절망 아픔 쓰라린 패배가 묻어있다
슬플 때 우는 사람들은 진정으로 자기 자신을 생각한다

그리고 진정한 자신의 내면을 만나고 보는 것이다

기쁠 때 우는 눈물은 따뜻하고 화사하다
눈물을 펑펑 흘리는데 눈은 겸연쩍게 웃고 있다
인간은 살면서 스스로를 반성하고 참회하고
또한 기쁜 마음으로 자기 자신을 채근하며 산다

매년 첫눈이 올 때마다 생각한다
눈물을 따뜻한 봄날을

행복이란

용서에서부터 시작합니다
용서는 상대방을 위해서가 아닌 나를 위한 것이다

요즘 은퇴한 남자들이 듣는 가장 굴욕적인 말이
삼식이라고 한다
1차 베이비붐세대
이제 우리나라도 초고령사회로 접어들었다
모든 사람이 나이 들면서 겁내는 것이 노망이고 노추다

나이가 노년으로 접어들수록
본인 건강 잘 챙기고 가족에게 충실하고 이웃과 지인
친구들에게는 조금 양보하고 겸손하게 생활하면
그것이 로망이다

인생 후반부의 삶의 질도 결국
본인의 모습은 나의 선택일 것이다

로망이냐 노망이냐 노추냐 이것이 문제로다

5부

가을의 시작에서

 올 여름은 유난히 더웠다. 언제 끝날지도 모르는 무더위가 9월이 되니 찬바람이 불면서 사라졌다. 더위에 지친 몸도 추스를 겸 평소 다니던 산악회에서 준비한 해외여행에 동참하기로 했다. 가는 곳이 러시아 블라디보스토크[1]와 우스리크다. 나는 평소 유럽 여행을 동경했으나 비용도 만만치 않고 시간도 여의치 않아 유럽 여행은 생각지도 못했다. 가장 가까운 유럽이라는 홍보문구에서 보듯이 그래서 더 관심을 가졌고 옛 고려인들이 살던 곳도 가보고 한편으론 북한을 거쳐 유라시아까지 기차로 대륙 횡단 여행을 하면 좋겠다는 생각을 하면서 집을 나서게 되었다. 언제나 여행은 즐겁고 신나는 일이지만 일제강점기에 피눈물 흘린 고려인을 생각하면 가슴이 먹먹하고 마음이 무거워진다. 3박 4일 길지도 짧지도 않은 일정이다. 도착 첫날 우리는 독수리 전망대에 가서 야경을 구경할 예정이었다. 유럽식 건물들이 즐비하게 있는 거리와 혁명광장을 지나 독수리 전망대에 올랐지만 아쉽게도 안개가 많이 끼어 금각교 밤경치는 보지 못해 많이 아쉬웠다. 전망대 계단을 내

---

[1] 러시아로 동방 정복이란 뜻을 지닌 블라디보스토크는 이름부터가 러시아 동진을 반영한 근대도시다. 한때 해동성국 발해가 지배했던 영역이었다.

려오면서 막 결혼한 신랑 신부와 사진 한 장을 남기고 시내 구경을 하려고 시내로 나왔다. 여기저기 거리 구경도 하고 벽화가 그려진 건물 앞에선 사진을 찍기도 하면서 즐겼고 근처에 마침 한국 남성과 이곳 아가씨와 결혼하여 운영하는 술집에 들러 맥주와 소주를 구입해 근처 바닷가 해양 공원에서 주변 경치를 즐기기 위해 우리 일행은 공원으로 갔다. 좋은 분들과 함께여서 그런지 안주로 먹은 새우도 담백한 맛이 매우 좋았고 맥주도 청량감이 좋은 편이었다. 우리 숙소는 해양 공원에서 조금 떨어진 한적한 곳에 위치한 아담하고 조그만 호텔이었는데 매우 청결하고 앞 전망과 조망이 아름다웠다. 첫날 숙식을 하고 호텔에서 가볍게 아침을 먹은 후에 혁명광장을 가보았는데 러시아 혁명정부가 전쟁 승리를 기념하여 세운 광장으로 혁명 전사들의 동상이 세워져 있었다. 러시아는 어디에 가나 광장에 혁명 전사들의 동상이 세워져 있는 것을 볼 수 있다. 동상에는 1917~1922라고 새겨져 있는데 러시아의 사회주의 혁명이 1917년 모스크바에서 시작하여 러시아 전역으로 번졌다. 1922년에는 블라디보스토크에는 거주하던 고려인들을 강제 이주시키기 위해 집합시켰던 곳이라 하여 마음이 매우 쓰라렸다. 먼 타국에서 얼마나 마음 졸이고 살아왔을까 나도 모르게 눈물이 핑 돈다. 그리고 이 광장은 블라디보스토크시 차원의 행사를 할 때 사용되기도 하고 금요일에는 재래시장이 열리기도 한다고 한다. 니콜라이2세 개선문과 C-56 잠수함 박물관과 영혼의 불꽃 등을 구경하고 감상하였다. 보통 개선문은 전쟁에서 승리한 장군들을 환영하기 위해 세우는 것인데 이곳은 황제 니콜라이2세의 방문을 기념하여 세웠다고 한다. 앞면 상층부엔 니콜라이 2세의 얼굴 뒷면에는 블라디보스토크의 상징인 호랑이가 조각되어있었다. 우리도 호랑이를 매우 신성시하지만 이곳 블라디보스토크는 호랑이[시베리아이]를 절대시하는 것 같았다. 기념품 가게에도 호랑이 장식품이 유난히 눈에 많이 띄었다. 해안가에 전시된 2차 대전의 유물인 C-56잠수함에 들렸다. C-56잠수함은 2차 세계대전 당시 독일군함10척 이상을 침몰시킨 것으로 구 쏘련의 태평양 잠수함이다. 이 잠수함을 적군들이 포위하자 바닥에 가라앉자 3주 동안 버티다가 적군이 물러간 3주 후에 위로 떠올라 죽은 줄만 알았던 그곳의 군인들이 모두 살아 있어 영웅 대접을 받았다고 한다. 그 당시 소련[러시아]는 함정과 잠수함을 건조하는 기술이 매우 우수했다고 한다. 그 옆에 영혼의 불꽃이 있다 전통 박물관에는 발해의 유물들 그리고 우리 민족의 잔재들을 볼 수 있었고 신한촌에 가서는 백비 3기를 보면서 까레이스끼라 불리며 정든 터전을 내어주고 쫓겨난 우리 민족의 진한 아픔을 느낄 수 있었다.

연해주 신한촌 기념탑

쓸쓸하게도 1932년 신한촌은 폐허가 되면서 고려인은 중앙아시아로 흩어지게 된다.

내년 2019년은 3.1만세운동 100주년이 된다. 이 탑은 3.1만세운동 80주년을 맞아 선열들이 숭고한 넋을 기리기 위해 세워졌다고 한다. 다시 한번 우리 민족의 아픔을 생각하면서 그리고 시베리아 종착역인 블라디보스토크역에서 만감이 교차됨을 느낀다. 모처럼 남북관계의 순풍이 불어오고 있다 정말 반가운 일이다. 좋은 남북관계의 결말을 기대하며 그리고 어서 빨리 통일의 마음 교류가 활발하게 이루어지고 끊긴 남북철도가 다시 이어져 부산역에서 기차를 타고 북한을 거쳐 유라시아대륙을 횡단하는 통일의 꿈을 꾸어보기도 했던 짧은 여행이었다.

영화 서울의 봄

 영화를 보기 위해 극장을 찾은 것은 참 오랜만의 일이었다. 말하자면 영화를 볼 수 있는 방법이 다양해졌기 때문이기도 하다.

 TV이나 휴대전화 인터넷을 통해서도 어렵지 않게 접할 수가 있으니
 나에게는 극장을 찾는 시간이 뒷전으로 밀려난 셈이 되고 말았다.
 모처럼 정신적 육체적으로 마음이 평안하여 바람도 쐴 겸 겸사겸사 전주 나들이를 가기로 마음먹고 차에 시동을 걸었다.
 12월의 쌀쌀한 공기가 상쾌하게 느끼며 전주의 한 개봉 극장에 도착했다 오늘이 월요일이라 관람객은 많지 않을 거라 예견하고 무작정 갔으나 웬걸 영화를 보러 온 사람들로 인산인해를 이루었다.

 예매를 하지 않고 온 나를 스스로 질책하였다. 그러나 다수의 상영관은 인기 위주로 상영하고 있었다. 요즘 많은

시사회에서 자주 소개하는 서울의 봄을 관람하기로 마음을 먹고 예매를 했다. 그래도 월요일이라 한 시간만 기다리고 바로 영화를 볼 수 있어 다행이었다. 나는 영화를 보는 내내 많은 생각과 감정이 겹쳤다.

나는 1979년 대학교 2학년에 재학 중이었고 그 시절 시위가 다반사인 하 수상한 시절을 보냈지만 1979년 도대체 어떤 일이 어떻게 벌어지고 있는지에 대해 잘 알지는 못했다.
1980년 광주에서 5,18 민주화 항쟁은 우리 정읍이 광주와 인접한 관계로 어느 정도 알 수 있었지만 그해에 나는 군 복무 중이라 1979년 서울에서 벌어지는 군사정변[구데타]은 전혀 알지 못했다.

내 젊음의 시절 그것도 서울 한복판에서 어떤 일이 벌어졌는데 그걸 모르고 지나갔다니 허탈감이 마구 엉켰다. 권력을 잡기 위해서라면 어떤 일이라도 불사하는 인간들 자신의 욕망을 성취하는 일이 국가의 안위보다 인간으로서의 도리보다 우선이었던 사람들 책임 있는 자리에 있었으면서 그 어떤 것도 결단하지 않고 떠밀리듯 대세를 따름으로 부끄러움으로부터 거리를 두려던 사람들 인간의 어둡고 약한 내면이 고스란히 드러날 때마다 깊은 한숨을 내쉬어야 했다.

옆자리에 앉은 다른 관람객들도 복박치는 감정을 추스리기가 어려울 때마다 거친 숨을 몰아쉬기도 하였다. 부끄러운 선택을 했던 이들이 오랫동안 떵떵거리며 누렸던 부귀영화와 대세가 확연하게 기울었음에도 불구하고 불의한 집단이 의도한데로 흘러가지 않도록 목숨을 걸고 대항했던 결과는 고통스럽게 다가왔다.

영화의 끝부분이 압권이었다.
정말로 심장이 대못이 박히는 것처럼 다가온 장면이 있었다. 쿠데타에 가담했던 이들의 이름과 그들이 어떤 부귀영화를 누렸는지를 하나하나 나열하는 때였다.
각자의 이름이 호명될 때마다 천지가 다 울린다 싶은 묵중한 효과음이 뒤따랐다.

탕! 탕! 탕!
서로에게 총을 쏘던 영화 속 총성보다도 부끄러운 이름 앞에 울리는 울림이 비교할 수 없을 만큼 크게 느껴졌던 것은 그것이 역사가 내리는 엄중한 심판의 소리로 다가왔기 때문이다.

역사 앞에 부끄러운 이름으로 남는 것보다 더 준엄한 심판은 따로 없을 것이기 때문이다. 신군부에 가담하지 않고 끝까지 항쟁한 참 군인을 존경하는 감사하는 시간이었다.

커피 세상

요즘 커피 전문점은 저가 커피점과 고급 커피점으로 양분되는 느낌이다.

코로나 펜데믹의 영향도 한몫했지만 다양하게 커피를 즐길 수 있는 나는 선택의 폭이 넓어져 행복하다. 몇 달 전 우리 사위 작은 누나가 정읍 수성동에 저가 커피 브랜드인 컴포즈 체인점을 열었다. 평소 싼 커피를 즐기는 나로서는 매우 반갑기 그지없다. 이 커피점은 우리 아파트에서 도보로 10분 거리이다. 평소 걷기 운동을 많이 하는 나로선 일석이조가 아닌가.

나는 평소 술을 즐겨 마시는 애주가다. 그래서 동창이나 지인들하고 부담 없는 소줏집이나 맥줏집에서 자주 회동하는 편이다. 난 1차 술자리가 파하면 친구들에게 습관적으로 쏜다.

럭셔리한 스타벅스 커피나 좋은 분위기가 있는 곳이 아닌 우리 사돈이 운영하는 1,500원하는 카페 컴포즈로 간다. 가끔 친구들이 볼멘 소리를 한다. "친구야 또 1,500원 짜리야!"

우리 나이도 60대 중 후반이고 젊어서 고생 많이 했으니 이제는 좀 고급스럽고 우아한 곳에서 즐기고 음미하자고들 한다.

 난 왜 그럴까!
 밥값은 좀 비싸도 감당이 되는데 왜 커피값에는 이렇게 민감한지 커피값과 밥값과 비교하면 나에게는 커피값이 너무 비싸다. 주식이 아닌 기호식품이 꼭 먹어야 하는 밥값하고 비등하니 그런 것 같다. 요즘은 젊은 친구들 그리고 직장인들은 밥 한 끼는 안 먹어도 브랜드 커피를 테이크아웃해 먹는 사람이 많아졌고 좋은 분위기 커피점은 밥값 이상이어도 문전성시를 이루고 성황중이다.

 현대 사회가 힘들고 복잡하고 많은 일을 빨리빨리 효율적으로 해야 하는 사회 분위기 속에 피로가 가중되는 세상에서 우리에게 커피 한 잔의 카페인의 힘은 정말 대단하다.
 요즘 세대 커피 한잔 안 마시면 일을 시작도 못 하는 시대니 말이다.
 나도 사무실에 출근하면 따뜻한 커피로 하루의 시작을 연다. 오전에 커피 한 잔 마시지 않으면 맥아리가 없어서 커피 중독 카페인의 힘을 새삼 느낀다. 커피는 정말 허가

난 마약 같기도 하다.

 현대 사회에서 커피 없는 세상은 상상이나 되는지 한편으로는 좋은 우리 차도 많은데 커피에 열광하는 사회가 좀 마음이 먹먹하고 답답하기도 하다

 우리는 커피가 뭐길래 이렇게 많이 자주 마실까! 맛도 맛이지만 아마도 커피가 주는 여유 때문일 것이다. 커피 한잔 마시며 멍 때린다는 것이 모두가 삶의 여유와 관련이 있다 바쁜 일상 속에서 쉬어갈 수 있음을 뜻한다.

 소통의 가치도 여유와 쉼에 있다 쉬면서 비워내는 것이다. 비워서 삶의 여백을 갖는 것 이것이 소통이다. 커피는 소통의 수단으로서 단단히 한몫을 한다.
 커피와 친하게 소통해 보시라 가끔 세상이 아름답고 평화롭게 보일 것이다
 저 멀리 사돈의 커피점이 보인다. "야 친구야 우리 커피 한잔할까?"

어머니와 명태

나는 생선을 좋아한다.

생선 중에서도 명태를 즐겨 먹는 것도 어머님의 DNA를 닮아서다

우리 모친은 정말 생선을 즐겨 드셨다. 육식은 좋아하지 않고 오직 생선이다.

많은 생선 중에서도 유독 명태를 가장 사랑하셨다.

농사일을 힘들게 하시면서 견디어 온 것도 명태의 힘이 아닌가 싶다

그래서 그런지 그렇게 바쁜 농사철에도 싱싱한 명태를 사려고 일주일에 한 번은 반드시 구시장에 들르셨다. 외식도 동태 전문점 식당으로 모시고 가면 어린아이처럼 좋아하셨다.

그렇게 명태를 사랑하신 어머님이 2018년 8월 23일(양력)에 하늘나라로 가셨다.

나도 정읍 구시장에 가면 어머님이 단골로 다니시던 생

선 집에 들러서 얼린 동태를 사가지고 온다. 오늘같이 찬바람이 불고 코끝이 시리면 더욱 어머님이 그리워진다. 오늘도 그렇게 동태를 사랑하신 어머님을 추억하며 명태를 이야기하고자 한다.

 명태는 담백하면서도 감칠맛이 있으며 그 쓰임새도 다양하여 여러 가지 이름으로 불린다.
 우리나라에서 명태明太만큼 다양한 이름을 가진 물고기는 드물다.
 상태나 잡은 방법 건조과정 등에 따라 30여개 각양각색의 이름으로 불린다.

 갓 잡아 싱싱한 것은 생태 얼린 것은 동태 말린 것은 건태 혹은 북어라 불리고 내장을 빼고 4~5마리씩 꿰어 반쯤 말린 것은 코다리라 한다.
 건태는 기후 여건 등에 따라 변한다. 눈과 찬바람에 얼었다 녹기를 반복하며 마른 것이 황태다. 황태를 만들다 날씨가 풀어지고 바람이 더워지면 황태가 겉이 거무스름하게 변하면 먹태다. 반대로 날씨가 너무 추워 하얗게 바래면 백태가 된다.

 잡는 방법에 따라선 그물태 망태 낚시태로 분류된다.

명태 새끼는 우리가 술안주로 즐겨 먹는 노가리라 불린다.
명태는 부산물도 버릴게 하나도 없다.
내장으로는 창난젓을 알은 명란젓을
아가미로 아가미젓을 만든다. 간은 어유의 원료다.
머리와 꼬리는 볶거나 말려 국물 맛을 낸다.

명태가 문헌에 처음 등장한 것은 『승정원일기』 효종 3년 1652년의 기록이다.
여유원의 『임하일기』는 명태라는 이름의 유래에 대해 다음과 같이 전하고 있다.
1871년에는 함경도 명천明川에 사는 어부 태太가 바친 물고기에서 명태란 이름이 지어졌다고 한다.

함경북도 명천은 예로부터 태씨 집성촌이 있던 곳이다.
얼마 전 남한으로 내려온 북한 외교관 태영호 국민의 힘 의원도 이곳 출신이다.
지금도 북한에는 태씨들이 많이 살고 있다. 명태가 많이 잡히던 명태가 사라진 것은 지구 온난화 영향이 크지만 무분별하게 잡을 수 있게 허용한 것도 많은 영향을 주었다.

그래서 정부는 명태자원 보호를 위해 수산자원 관리법 시행령을 개정해 2029년 1월부터 국내에서 명태포획을 전면 금지시켰다.

지금 우리가 먹는 명태는 대부분 수입산이다. 앞으로 명태가 우리 해안에서 많이 잡혀 국민들의 마음의 속도 따뜻하게 풀어주고 즐겨 먹는 술안주가 되어 서민들의 눈물을 씻어주면 하는 바람이다.

[참고] 인터넷 한국일보

어머니와 휴지

 사람이 기억을 담는 창고는 얼마나 큰 크기를 가지고 있는 것일까요?
 기억이 무한대로 담기지는 않을 터 얼마만큼의 기억이 담기는 것일까 모르겠습니다.
 보통의 창고라면 창고를 채우기도 하고 비우기도 하는 것인데 막무가내로 무조건 쌓아둘 수 있는 창고는 세상에 없을 것입니다.
 어느 정도 찼다 싶으면 무언가를 비워내야 비워낸 만큼을 새로운 것으로 채울 수 있습니다.

 과연 기억의 창고에서는 어떤 일이 일어나는 것일까요! 어머니가 계신 정다운 요양병원은 정읍 시내 한복판에 있습니다. 내가 이곳에 어머님을 모신 이유는 쾌적한 환경과 간호 종사원들의 친절이 좋았지만 가장 큰 이유는 우리 아파트에서 가장 가까우니 수시로 방문할 수 있어 이곳에 어머님을 모셨습니다. 연로하신 어머님은 몸이 많이 불편하여 혼자 거동도 힘이 들고 착한 치매가 찾아온 분입니다.

다른 사람은 잘 알아보지 못하고 오롯이 나만 자주 찾고 나는 절대 잊지 않고 기억하시는 어머님입니다. 그리고 언제나 침상에서 다소곳이 미소 지으며 장남인 나만 애타게 기다리는 분입니다. 내가 무엇을 물어도 가만 웃으시며 짧은 대답만 반복하고 단순하게 물어볼 뿐입니다
　정말 가슴이 미어집니다.

　평소처럼 이야기를 나누고 듣던 중 우연히 침상 밑을 보니 낯선 귤 상자 2개가 눈에 들어옵니다. 상자 안에 담긴 것은 당신이 날마다 화장실에 다니면서 조금씩 휴지를 뜯어와 차곡차곡 정리하여 가지런하게 정리해 모아 두었던 것입니다.

　얼마나 정성스럽게 쌓아 놓았던지 내가 군 생활시 내무반 관물대 옷을 각을 맞춘 것보다 더 깔끔합니다. 다시 한 번 가슴이 무너집니다.
　지금 어머님은 당신이 살아오신 삶의 많은 순간들을 어쩌면 많이 잊어버렸습니다.
　사랑하는 사람의 이름도 당신이 제일 좋아하고 예뻐한 장손자도 잘 기억하지 못합니다. 어쩌면 사람들은 이 세상 떠날 때가 되면 도로 아이로 돌아가는 것인지도 모릅니다.

그렇게 모든 것을 조금씩 잊어가지만 어머님이 끝내 버리지 못한 기억
한 가지가 있습니다
그것은 버리려야 버릴 수가 없는 기억이기도 했습니다.
자식을 품에 안고 젖을 먹이던 아무리 힘들고 어려워도 어린 자식들 굶기지 않으려 필사적으로 젖을 물리던 모정이었던 것이지요.

어머님의 휴지 모으기는 어머니가 돌아가시기 전날까지 지속되었습니다. 지금은 화장지가 지천이지만 그 흔한 휴지 한 장이라도 모아서 매일 찾아오는 아들을 주고 싶어 그렇게 기억을 잃어가면서도 휴지를 모든 정성을 다해 모으는 것입니다

오늘도 휴지 상자를 가지고 나오며 어머니를 뒤돌아보면 당신의 기쁜 마음의 얼굴 모습이 환하게 보입니다. 오늘도 나는 간호과에 어김없이 어머님의 한 땀의 노동의 휴지 값을 지불했습니다. 그리고 오늘 그렇게 당신이 정성스럽게 모은 화장지를 마지막으로 다 쓰고 피향정 사무실 왔습니다. 정말 어머님의 보고픔에 심장이 아립니다. 어머님의 노동의 휴지는 내 생애 가장 소중한 기억이자 정신입니다.

@인생은 상실의 연속이고 우리는 평생토록 누군가를 떠나보내야 하지만 눈 감는 마지막까지
 작별에 익숙하지 못한다.

망종亡種

망종은 24절기 중 아홉 번째 절기다.

이날은 곡식의 씨를 뿌리는 날이기도 하다. 보리도 망종 전에 베어야 논을 경운하고 써레질을 해야만 논에 벼를 심을 수 있다.

예전에는 이때가 되면 춘궁기가 되었는데 때마침 보리를 수확할 수 있어 배고픔을 면할 수 있었다. 요즘은 비닐하우스 발달로 예전에 비해 모내기가 약 15일 정도 빨라졌다. 망종때 얼마나 바쁘면 발등에 오줌 싼다고 할 만큼 1년 중 제일 바쁜 철이었다.

지금은 농기계가 현대화되어서 농촌의 바쁜 일손을 한가하게 만들었다. 참 편리하고 편안 세상이다. 이 무렵이면 우리 집 마당에는 앵두가 연두빛에서 빨간빛으로 붉게 익는다.

엊그제 돌아가신 것 같은데 두 달만 있으면 그리운 어머님의 1년 기일이 돌아온다. 어머님 생존해 계실 때는 앵두가 더욱 싱싱하고 붉었다. 그러나 지금 어머님이 안 계신

집 담장 옆 앵두는 처량하다. 그리고 많이 붉지도 않고 생기가 없다.

나는 가만히 손을 뻗어 살이 통통히 오른 앵두를 한 움큼 따 그중 하나를 살며시 깨물었다. 앵두란 놈은 무릇 잘 익은 것보다 풋사랑의 입술처럼 새콤한 것이 더욱 맛있다.
그렇게 몇 개를 더 따먹고 논으로 향했다 시원하게 트인 넓은 들판은 푸르름으로 상큼하다.
모내기는 거점 다 마쳐가고 드문드문 비어있는 논에 백로 한 마리가 큰 다리를 성큼성큼
놀이터인양 다니는 모습이 평화롭게 보인다.

모내기를 마친 논에는 중간중간 놓아둔 모판은 필경 모살이가 빠진 자리를 때우려고 둔 것이다. 부모님이 살아 계실 때는 두 분이 그리고 어머님이 모떼우기를 거즘 다 하셨다.
올해는 모가 실하지 못해 그런지 아니면 기계가 문제인지 중간중간 결주가 많이 보인다. 그래서 나는 서둘러 결주 생긴 곳을 모판을 챙겨 직접 손으로 심어 보기로 했다.

따뜻한 논물과 부드러운 흙의 감촉이 매우 좋았다. 노동은 낭만이 아니다. 채 한 시간이 되지도 않았는데 허리가

너무 아프고 온몸이 뻐근해진다. 나는 이내 포기하고 논 가장 귀퉁이만 때우고 서둘러 나왔다. 나는 논 두럭에 앉아 잠시 상념에 적신다.

   그 옛날 우리 어머님은 이 바쁜 와중에도 봄 누에를 5칸을 키우고 동네 모내기 작업단원 일원으로 모즐잽이가 호루라기를 불면 쉬지도 못하고 모를 심으러 나가셨다. 나는 잠깐만 하는 모떼우기가 이렇게 힘이 드는데 우리 모친은 그 힘든 세월을 어떻게 견디어 오셨을까 아마 희망은 자식이 착하고 성실하게 잘 살기를 바람으로 이 모든 것을 견디어 왔으리라.
   나도 이제 회갑이 되고 노년으로 접어드니 더욱더 부모님을 잘 보살펴주지 못한 것이 회안으로 남는다. 앵두가 잘 익어가는 이 망종에
   큰 어머님 아버님 어머님이 많이 그립고 보고 싶습니다.

부모 시간

부모님 세 글자만 들어도 마음이 뭉클해진다.
연로하신 부모님을 생각하면 더욱 그렇다. 그러나 지금은 다 떠나가고 내 곁에 없다.
내리사랑은 있어도 치사랑은 없다는 옛말을 들어 본 적이 있다.

그러나 부모님은 내 모습이 어떻든 나를 있는 그대로 받아준 사람은 부모님밖에 없었다.
서운함도 어떤 큰 기대도 있었겠지만 결국은 좋은 관계를 오랫동안 유지하고 싶은 지금의 나나 그때의 부모님의 마음은 똑같았을 것이다. 돌이켜보면 부모님 시간은 빨리 흐른다.

나도 요즘의 시간이 그때의 부모님 시간과 대동소이하다. 이제 다 내 곁을 떠난 부모님 평소 어머님보다 살갑게 대하지 못한 아버님이 오늘따라 많이 그리워지며 눈물이 난다.
아버님은 평소 쓸쓸히 홀로 고독을 안주 삼아 소주 한잔을 즐겨 마셨다. 나도 아버님의 유전자를 닮아 소주 한잔을 즐겨 마신다. 지금의 내 나이 그때의 아버지를 보는 것 같다.

나는 오늘도 고독을 음미하며 인생의 쓴 소주를 마신다.

그리움은 먼 길을 돌아

첫아들을 낳았을 때의 큰 기쁨
둘째로 딸이 태어났을 때의 환희

셋방살이부터 수원의 작은 주공 아파트 내 집 마련했을 때의 그 뿌듯함은
평생 잊을 수 없다. 아이들을 키우고 성장 과정을 지켜보면서 겪었던 즐거움과 어려움
이 아이들이 성장하고 사회생활을 막 시작하고 접어들 시점 사랑하는 부모님들이 한분 한분 하늘나라로 가실 때의 슬픔이 인생의 파노라처럼 머리를 스쳐간다.

우리 부부의 인생 여정에서 가장 힘든 고비는 지금도 생생하지만 모두 가장인 내가 감당할 몫이었지만 때로는 가슴을 짓누르는 짐을 벗어 던지고도 싶었다.
힘들고 어려웠던 순간조차도 지나고 보면 아련히 그 시절이 그리워질 때가 있다
방향은 달라도 사랑하는 마음은 우리 서로 많이 닮았다.
서로 성격은 많이 다르지만 서로 맞추며 하나하나 동화

되어가는 인생의 여정길이 아니었던가 나는 눈치와 행동이 빠르고 민첩해서 무슨 일이든 미루지 않고 처리하는 편이고 좀 경솔한 편인 반면 아내는 매사 느긋하며 꼼꼼하며 세심하고 침착한 편이다. 그래서 아내는 나의 행동을 잘 따라오지 못할 때가 많다.

 나는 외출 할 일이 생기거나 시간에 쫓기는 어떠한 일을 처리할 때 나는 재촉하기에 바쁘고 아내는 매사 느긋하며 서두르지 않는다. 나는 성격이 급한 반면 매사 철두철미하며 정확하다.
 우리 부부는 서로의 다름을 서로 인정하며 오랫동안 인생길을 함께하면서 지금은 서로의 장점에 공감하며 지혜를 터득하며 함께 가는 중이다.

 우리 부부의 삶의 토대는 신혼 때부터 지금까지 서로에 대한 믿음과 사랑이 그리고 내 인생에서 가장 잘한 일은 지금의 아내를 만나 결혼한 일이 큰 행운이 아닌가 싶다. 이제는 부모님은 다 하늘나라에 계시고 사랑하는 아들과 딸은 결혼하여 친손녀 이수 이담이, 외손주 이찬이를 낳고 전주에서 알콩달콩 살고 있다.

 손안에 있던 자식이 다 자기 짝을 만나 떠난 지금 우리 부부는 둘만 남아 새로운 신혼으로 살고 있다. 신혼 시절 단칸방에서 미래를 설계하며 가슴이 부풀었다면 지금은 과거를 회상하며 추억에 젖으며 행복한 노후를 꿈꾼다.

하모니

 드디어 대학을 졸업하고 사회생활을 시작하는
 아들과 딸랑구에게 어떤 조언을 할까 고민 중에 쇼펜하우어의 고슴도치 이야기가 떠올랐다. 추운 날 고슴도치들이 덜덜 떨다가 가족과 친구의 체온이
 그리워 서로 다가간다.

 몸이 맞닿은 순간 고슴도치들은 기겁하고 급히 떨어진다.
 서로의 몸에 난 가시 때문이다.
 고슴도치들은 몇 차례 반복해가며 서로서로 찔리지 않는 가장 가까운 사이 거리를 찾아낼 수밖에 없다.

 쇼펜하우어는 이것을 고슴도치 딜레마(HEDGEHOG'S DILEMMA)[2]라고 하였다.
 사람도 마찬가지다. 혼자서는 살기가 힘들다.
 혼자 생활하기에는 너무도 춥고 삭막하다.
 그래서 서로에게 다가가지만 영락없이 고슴도치 신세가

---

2) [참고] 쇼펜하우어의 고슴도치 딜레마(HEDGEHOG'S DILEMMA)

돼 피를 흘리며 떨어져 서로를 원망하기 쉽다.

우리 누구에게나 가시가 있다.

자기를 방어하기 위해서 입 눈짓 또는 손과 발이 돼 상대를 공격하는 것이다.

우리는 사람을 인간[人間]이라고 부른다. 사람들 사이에서 적당한 온기로 살아간다는 의미를 가진다. 그러나 늘 사이[間]가 문제다.

사이가 중요하고 좋아야 할 텐데 그렇다면 인간에게 가까운 사이란 무엇인가! 우리는 촌수를 정해 가족간 사이를 나타낸다.

부부는 무촌 그래서 가까울 수도 있고 멀 수도 있다.

오래된 부부라도 상대방을 존경하고 차이를 인정해 줘야 한다는 말이다.

그리고 부모와 자식의 관계는 1촌, 형제는 2촌이다.

우리는 이렇게 적당한 사이를 만들어 좋은 관계를 이어간다.

음악의 전당에서 열리는 음악회 음악을 가만히 들어 보면 그것은 음악 안에서 음과 음이 서로 좋은 사이로 만나기 때문이다.

또한 때로는 가깝게 때로는 멀게 그렇게 사이를 두고 흐른다.

이것이 바로 하모니다.

그래서 아들과 딸랑구에게 이 얘기를 하고자 했으며 세상은 조화를 즉 음악회의 하모니처럼 아들과 딸랑이 사회생활을 하면서 서로를 존중하며 또 배려하고 경청하고 매사 조금 양보하고 적당한 사이를 유지하면서 아름다운 사람이 되었으면 하는 바람이다.

나는 오늘 이렇게 외친다.

기백아 유미야 건강하게 잘 자라 주어서 감사하고 고맙다.

평생을 함께 동행할 좋은 짝들도 잘 만나 감사하고 아들손녀 무탈무탈하게 잘 낳아 건강하게 자라니 이 애비는 이제 더 이상 소원은 없다.

기백 윤경 유미 성필 다들 행복행복하게 잘 살아다오.

우리 친손녀 이수 이담이 외손자 이찬이 할아버지에게 와 주어서 감사합니다

우리 가족 행복한 미래를 응원합니다.

송병섭 시집
소주 한 잔의 시간

인 쇄 2025년 11월 11일
발 행 2025년 11월 14일

지은이 송병섭
발행인 서정환
펴낸곳 신아출판사
주 소 전라북도 전주시 완산구 공북1길 16
전 화 (063) 275-4000
팩 스 (063) 274-3131
이메일 sina321@daum.net
출판등록 제465-1984-000004호
인쇄 · 제본 신아문예사

저작권자 ⓒ 2025, 송병섭
이 책의 저작권은 저자에게 있습니다.
서면에 의한 저자의 허락없이 내용의 일부를 인용하거나 발췌하는 것을
금합니다.

ISBN 979-11-24068-15-1
값 10,000 원